Culto a
San la Muerte

-sus orígenes y cómo invocarla-

Horacio Salvaterra

Ediciones Afrodita

Índice:

Capítulo 1
Su origen

En la cosmovisión de los antiguos indios, la muerte nunca fue la personificación del final de la vida, por el contrario, se consideró su continuación. Creían que, en el momento de la muerte de una persona, en algún lugar seguramente nacería otra. Por lo tanto, no tiene sentido arrancarse los cabellos y llorar a los difuntos. Por eso, junto con las deidades, personificando las fuerzas de la naturaleza, los indios veneraban a los dioses de la muerte y la oscuridad, creyendo en la omnipotencia de la muerte y su poder para destruir cualquier obstáculo.

Con la llegada de los conquistadores, los elementos de la mitología de los nativos de México (principalmente aztecas y mayas) se mezclan gradualmente con el catolicismo, como resultado de lo cual aparece un nuevo culto religioso: el culto a la Santa Muerte. La primera mención del culto se remonta al siglo XVII. Ahora bien, este fenómeno es común no solo en México, sino también en todos los países de América Latina, así como en el sur de los Estados Unidos (desde Texas hasta California). Y a día de hoy, solo en México, la "Virgen de la guadaña" ya es adorada por más de cinco millones de personas. Ahora no es sólo una idolatría pueblerina, sino una parte integral de la cultura nacional.

Los cultistas afirman que la Santa Muerte obra milagros. A veces ella es más venerada que Jesús, porque fue la muerte la que se lo llevó, por lo tanto, ella es más fuerte.

Se cree que ella ayuda donde otros santos no tienen poder. A menudo, las personas rechazan la ayuda de la Iglesia Católica, refiriéndose al hecho de que ella solo enseña y no ayuda. Pero la Santa Muerte no hace excepción con nadie, todos son iguales ante ella: una prostituta, un policía, un vendedor de discos piratas, un político y hasta un narcotraficante.

Esto es lo que dicen los lugareños: "Ella solo ayuda y no mete la nariz en sus pecados. Ella no requiere años de espera por un milagro, simplemente cumple con el pedido. Y qué tipo de deseo es el que está en su conciencia, solo usted es responsable de ello".

"No importa lo que le des: flores, una manzana, un porro de marihuana, velas u otra cosa. Es importante que venga del corazón. Si eres un jefe del crimen, homosexual, pobre o rico, enfermo o saludable, inteligente o estúpido, ¡no importa! Santísima no tiene prejuicios, nunca culpa a nadie. Ella está lista para ayudar de forma gratuita".

Sin embargo, muchos, antes de orar a este Santo, primero se dirigen a Jesús, pidiendo permiso para esta oración.

"La gente pide lo que quiere, depende de ellos. Alguien solo viene por una bendición, alguien: reza por la recuperación de un hijo, alguien quiere sacar a su hermano de prisión, alguien pide una retribución justa y otro, para dañar al enemigo o al delincuente. No hay nada vergonzoso en la venganza, si realmente hay una razón para ello, de lo contrario todo puede volverse en su contra. Santísima no puede ser mala, solo que a veces la gente mala se le acerca y le pide cosas malas".

La principal área de especialización de Santa Muerte son los asuntos de amor y dinero, así como la protección contra la muerte violenta y la enfermedad. En primer lugar, custodia a quienes trabajan de noche y arriesgan su vida casi a diario: policías, narcotraficantes, taxistas y mariachis. Es la Santa Justicia atribuida lo que la hace tan atractiva para todos los que se consideran inmerecidamente desposeídos por la sociedad o el destino.

Inicialmente, el culto surgió en los pueblos entre los pobres, eventualmente se hizo popular en los círculos criminales, y mucho más tarde, los residentes adinerados de las grandes ciudades también se interesaron. Pero aún hoy, los principales lugares de culto se concentran en barrios desfavorecidos. El primer Templo de la Santa Muerte se inauguró en la Ciudad de México en 1999, hasta ese momento los altares dedicados a ella se encontraban únicamente en casas particulares.

Exteriormente, el nuevo santo mexicano se asemeja a la conocida imagen de la muerte, encapuchada y con una guadaña. Tiene una balanza en una mano. En la otra, el globo terráqueo, lo que significa que todas las personas del planeta están sujetas a él. La pelota también simboliza la justicia y la igualdad para todos, independientemente de su origen y condición. A veces Santísima aparece con un vestido blanco y con los atributos de la Virgen María, la encarnación de la pureza y la inocencia. De ahí que otro nombre para ella sea la Niña Blanca.

Según la leyenda, la gente no conocía la muerte antes, pero, cansados de las dificultades de una vida sin fin, se dirigieron a Dios con una petición para que les enviara la liberación. Dios se apareció a la hermosa joven que había elegido y le dijo que de ahora en adelante se convertiría en la Muerte, un espíritu incorpóreo que traza una línea debajo de la vida humana y termina con el sufrimiento del camino terrenal. En ese mismo momento, su cuerpo se desintegró, su bello rostro joven se convirtió en una calavera desnuda, y, habiendo recibido una guadaña de manos de Dios, la Muerte emprendió su camino por la tierra...

Para la Santa Muerte se disponen capillas especiales, con un altar y la estatua principal de la Deidad (un esqueleto femenino ataviado con un magnífico traje elegante). Además, la imagen de la Santa Muerte se puede presentar en forma de figura o imagen coloreada. Las características del santuario dependen de los problemas que el creyente espera resolver. El color de la capa de Santísima puede ser casi cualquier cosa, y cada una tiene su propio significado.

Hechos

La Carretera Federal Mexicana 85 tiene 754 millas de largo y comienza en la ciudad de Nuevo Laredo en el norte. Justo en la frontera está el Puente Laredo, que pertenece tanto a México como a los Estados Unidos. Nada especial, pero bastante grande: cuatro carriles para automóviles, senderos a ambos lados, 309 metros de largo y casi 13 de altura.

El 11 de mayo de 2007, el viernes por la mañana, un automóvil procedente de México pasó por debajo de ese puente. Por ese tramo de la autopista pasan unos

14.000 coches al día, pero esa mañana (como se desprendió más tarde de los datos de matriculación) la vía estaba casi vacía. Dos hombres esposados fueron sacados del auto, otro fue sacado de la cajuela. Los tres son llevados al altar, que se encuentra debajo del puente, casi en el medio.

El altar, por supuesto, es muy condicional: simplemente se arrojan algunos desperdicios, cintas, pelotas, joyas. Lo principal es la estatuilla en el centro. Figura no muy realista, pero fácilmente reconocible de una niña con un maquillaje característico, la cara está hecha de plástico o goma. Es muy difícil ver algo: la niña lleva un vestido de novia blanco que la cubre casi como un velo. El conductor trae la caja, la coloca cerca del altar y comienza a colocar las velas multicolores que se encuentran cerca. Tres personas esposadas se ponen de rodillas. El que estaba en el baúl se pone histérico, cae al suelo e intenta rogar por su vida. Lo matan primero, con balazos en el pecho y en la cabeza. Los dos restantes reciben disparos solo en la frente. Se necesitan dos balas. Mientras todo esto pasa el conductor escribe una nota en un pequeño papel naranja y luego lo pega en la pared junto al altar. La etiqueta dice: "Esto es para todos los que se meten con el Cartel del Golfo. Bienvenidos a Nuevo Laredo, montón de pendejos". Luego, el conductor enciende todas las velas y coloca las flores alrededor del altar, después de lo cual los tres se suben al automóvil y se van. Los cuerpos serán encontrados en unas pocas horas.

Del sótano al público

Enriqueta Romero se balancea en una silla y fuma un cigarrillo de filtro grueso. Regresaron para entrevistarla. "Soy seguidora de Santa Muerte desde hace más de 40 años", dice Enriqueta, y da una calada. Ya lo dijo en una película que se hizo sobre ella en 2007: en 2001, su hijo, que acababa de salir de prisión, se acercó a ella y colocó una estatua de un esqueleto ataviado con un vestido. Unos meses después, esa figura de tamaño humano fue sacada a la calle, porque un montón de gente se reunía constantemente frente a ella, para luego colocarla detrás de un vidrio, construyéndole un altar sólido a su alrededor.

"Ella nos ama y nos sana. La gente viene aquí a pedirle ayuda, si alguien tiene un hijo en la cárcel, sida o nada para comer", dice Romero. "La Santa Muerte es nuestra salvadora, nuestra luz. Es muy difícil explicar lo que significa para nosotros. Ella protege a aquellos a quienes nadie más puede proteger". No sería una gran exageración decir que Enriqueta Romero popularizó por sí sola el culto a la Santa Muerte. Fue tras la organización del altar en Tepito -una de las zonas más desfavorecidas de la Ciudad de México- que el culto a la Santa Muerte salió de los sótanos a las calles.

Dos niños desaparecidos

México tiene el estado de Sonora. En este estado se ubican las minas de cobre, alrededor de las cuales se construye el poblado industrial de Nakosari de García, con una población de diez mil habitantes. Cuando

Martín Ríos, de diez años, desapareció allí en julio de 2010, nadie armó un escándalo. El caso no se abrió, las fuerzas del orden no participaron en la búsqueda.

El 6 de marzo de 2011, ocho meses después de la desaparición de Ríos, otro niño de diez años, Izus Martínez, desaparece en la misma ciudad. Sus padres fueron algo más escrupulosos y acudieron a la policía el mismo día.

En Nakosari de García hay una sucursal local de la Iglesia de la Santa Muerte. El altar está ubicado en una casa en las afueras del pueblo, en la misma casa que frecuentaban ambos niños desaparecidos. La dueña de la quinta y líder del culto era Silvia Meraz Moreno.

El 8 de marzo de 2012, los agentes de policía registraron el domicilio de Meráz descubriendo el cuerpo de Izus Martínez escondido debajo del piso en el dormitorio de una de las hijas de Meraz. Los ocho miembros del culto fueron arrestados de inmediato y los cuerpos de Martín Ríos y Cleotilde Romero fueron encontrados enterrados en los suburbios. Meraz Moreno y seis de sus cómplices fueron condenados a cadena perpetua.

Al final resultó que, en junio de 2010, con la ayuda de su conviviente, Meraz abrió las venas de los brazos del vivo Martín Ríos y vertió la sangre sobre el altar en la casa. La misma operación se le realizó a Izus Martínez, de diez años, en marzo de 2011, solo le cortaron la cabeza después de abrirle las venas. Izus era nieto de Sylvia Meraz, y su pareja -principal cómplice de los asesinatos- había salido previamente con la madre de Ríos.

Nacimiento de Santa Muerte

Como la Santa Muerte es un esqueleto, la atormenta una sed permanente. Por eso, a menudo se le ofrece agua como sacrificio, siempre en un recipiente de vidrio transparente. Lo mismo con el alcohol. También flores, pan (que hay que cambiar cada dos semanas), fruta. Les encanta rodearla con velas de diferentes colores e incienso, respiran en la cara de la figurilla el humo espeso de algo humeante, dicen que le gusta. La Santa Muerte sigue siendo una niña, por lo que no puede caminar toda su vida con un solo vestido. Los vestidos necesitan ser cambiados. Si quieres amor o, ahí, devolver a tu marido, échale rojo al esqueleto. Quieres dinero, obviamente, dorado o amarillo. Hay problemas con la ley: mató a alguien más o menos, robó un pollo, antes de rezar, la sudadera con capucha en la Santa Muerte debe ser verde. En cuanto a la sangre de niños de diez años, la mayoría de los investigadores guardan silencio.

La Santa Muerte es indulgente y generosa. Puedes dejarla para siempre con un tradicional vestido blanco y pedirle lo que quieras. Por otro lado, alguien dice que, si no la respetas, la Santísima Muerte, destruirá a todos tus familiares y te expondrá a las balas del cartel enemigo.

Decapitados

En la península de Yucatán, en el estado del mismo nombre, hay una ciudad turística de Cancún. El 30 de agosto de 2008 se desató un breve tiroteo en las afueras de Cancún entre policías y tres personas en un automóvil que la policía pretendía detener. Uno de los escondidos resultó herido, los tres estaban desarmados. En el auto se encontraron un arma de fuego y un hacha ensangrentada. Los capturados pertenecían al cartel de Los Zetas. El día anterior al arresto, estas personas llevaron a 12 personas a una bodega abandonada en las afueras de Cancún, les cortaron la cabeza, las colocaron en círculo en un campo cercano y las quemaron. Tras la detención se realizaron allanamientos en las casas de los imputados, encontrándose en las tres los símbolos y figuras de la Santa Muerte.

¿De dónde viene la Santa Muerte?

La formación y los orígenes del culto a la Santa Muerte aún están bajo gran duda. La mayoría de los investigadores están de acuerdo en que se trata de algo tan sincrético, formado a partir de un montón de creencias diferentes, y más aún de la expansión católica española a las civilizaciones paganas mesoamericanas, en particular, las tribus olmeca, maya y azteca.

La personificación de la muerte para México y sus ancestros geográficos es generalmente muy característica. El culto a la Santa Muerte no suele asociarse con el Día de Muertos, que es muy celebrado en México, pero no nos equivocamos si suponemos que tienen los mismos orígenes. Los aztecas celebraban cada agosto, un mes entero completo: traían ofrendas y sacrificios a la diosa de la muerte Mictlancihuatl.

La situación práctica con la actitud de los seguidores de la Santa Muerte hacia el catolicismo también habla a favor de la base religioso-sincrética del culto - la misma Enriqueta Romero, a quien el culto debe su popularización, dice que es una verdadera católica. Es decir, el catolicismo está separado, la Santa Muerte está separada y ambos no interfieren entre sí en absoluto. Y así en casi todas partes. La síntesis de la Santa Muerte con el catolicismo no debe tomarse en serio como una enseñanza integral y consciente.

Una persona por semana

El 29 de marzo de 2010, un policía que trabajaba en la zona de Bayo Flores, en la periferia sur de Buenos Aires (Argentina), perdió su arma.

Dos semanas después, el cuerpo del estudiante de filosofía Rodrigo Ezcurro, de 27 años, fue encontrado en la misma zona. El 22 de julio, Pablo Villa, de 27 años, fue asesinado en las cercanías. En la mañana del 8 de agosto, es decir, dos semanas después, testigos encontraron el cuerpo de Georges Mansilla, de 48 años, casi en el mismo lugar. Pablo Zanuik, de 26 años, y Marcelo Cabrera, de 28, fueron encontrados el 15 de agosto en la misma cuadra.

El último día del verano, el 31 de agosto, Marcelo Antelo, de 22 años, fue detenido luego de una breve escaramuza con la policía. Le encontraron una pistola calibre 0.9, la misma que se había extraviado. Según Antelo, le prometió a Santa Muerte matar a una persona a la semana para que ella lo protegiera y lo ayudara a encontrar la prosperidad. Como se puede entender por la frecuencia de los asesinatos, Antelo no cumplió su promesa. Aparentemente, por eso lo atraparon. La palabra debe mantenerse.

La patrona del crimen

Todas estas historias de asesinatos rituales en nombre de la Santa Muerte suenan tan monstruosas solo porque están sacadas de un contexto general, mucho menos carnívoro. Asociar este culto con los asesinatos es una exageración criminal, a menos que se pertenezca a la Iglesia Católica, que pretende ensuciar la imagen de la Santa Muerte, para no perder adeptos. La Santa Muerte tiene al menos seis millones de seguidores solo en México. Y también América del Sur y Central, Canadá. La mayoría de los seguidores son adolescentes y mujeres.

Por otro lado, la conexión de la Santa Muerte con el mundo criminal y su popularidad entre todo tipo de delincuentes son evidentes. El punto, por supuesto, no está solo en el romance tanático: la Santa Muerte devuelve a sus adoradores el consuelo de un culto pagano. La hermosa Niña Blanca, a diferencia de la estricta Iglesia Católica, no requiere rectitud y moderación del seguidor, realmente no requiere nada en absoluto: ponga un poco de pan y vierta agua, y eso es suficiente.

La Chica Blanca no te juzga a ti ni a nadie más. Ella no juzga en absoluto, esto no es parte de sus funciones. Ella solo da y protege. Si la Santa Muerte le quita algo a alguien, es a su enemigo. ¿Qué pasa si usted mismo se convierte en enemigo de alguien? Es mejor no pensar en esto, por lo que conviene tener una vida sana, sin enemigos.

La Santa Muerte es, sin exagerar, la deidad más conveniente del mundo, se le puede pedir cualquier cosa. La intelectualidad progresista no se sentirá decepcionada: en México, es la Iglesia de la Santa Muerte la que apoya activamente a la comunidad LGBT y realiza libremente bodas homosexuales. Prostitutas, ladrones, asesinos, narcotraficantes, una vez más: la Santa Muerte no juzga. Como el cristianismo de los tiempos de Jesús y del apóstol Pedro.

Templos demolidos

Claudia Rosales tiene las uñas extendidas y un tatuaje flotante en toda la espalda. Es dueña de una tienda que vende zapatos y ropa. A principios de 2009, con su propio dinero, Rosales erigió una estatua de la Santa Muerte en la carretera central en la frontera con Estados Unidos en la ciudad de Matamoros. Un mes después, la estatua fue declarada ilegal y demolida. El alcalde de la ciudad salió en televisión al día siguiente y dijo con delicadeza que los mexicanos pueden adorar cualquier cosa, pero es mejor hacerlo en casa o en los templos, sin meterse en el espacio público.

La Iglesia Católica tiene todas las razones para unirse a las autoridades para luchar contra el culto a la Santa Muerte - sus asuntos en América Latina, hasta hace poco un bastión fiel de la fe, no han ido muy bien últimamente. Las personas están frustradas con una religión que no puede hacerlas ricas y exitosas. Y la Santa Muerte trae dinero, los traficantes de parafernalia no les dejarán mentir: desde hace tres años, las figurillas con huesito se venden mucho mejor que la mercadería de la tradicional Virgen de Guadalupe mexicana.

Francisco Batista, Padre de la Ciudad de México: "Hace unos ocho años, vimos una gran representación del culto entre los capos de la droga y los miembros del cartel. ¿Por qué? Porque esta gente dice que Jesús o la Virgen María no les puede dar lo que piden, que es protección de los soldados, de la policía y de sus enemigos". Él cree que el culto a la Santa Muerte solo aumenta la violencia en México, ya que supuestamente la Santa Muerte implica sacrificios humanos a cambio de su protección. Mientras tanto, la fila en el altar de Enriqueta Romero en Tepito crece en proporción inversa a la disminución del rebaño de las iglesias católicas.

La iglesia condena el culto, insistiendo en que no hay conexión entre la Santa Muerte y el cristianismo, pero como México tiene libertad de religión, sus adherentes no son perseguidos oficialmente. No obstante, periódicamente se llevan a cabo represiones contra los seguidores de esta fe, en particular, se practica el derribo de capillas dedicadas a la Muerte.

Al mismo tiempo, los seguidores de la religión insisten en que su culto no tiene nada que ver con la magia negra y continúan considerándose católicos devotos. Además, recientemente han comenzado a aparecer partidos políticos afines a esta religión, y los propios feligreses realizan periódicamente protestas y se niegan a votar en las elecciones de diputados que se oponen al reconocimiento de la Santa Muerte.

Debido a que el culto de la Santa Muerte no predica (como el cristianismo) la humildad, el perdón, la paciencia y otras virtudes que hacen a las personas pasivas y fácilmente controlables por el clero, sino que, por el contrario, da al adepto confianza y fuerza para defender sus derechos, la actitud del gobierno mexicano ante el culto es ambivalente. Por un lado, no la aprueban, llamándola despectivamente "la superstición de la escoria de la sociedad", en la que es una vergüenza creer para una persona culta y educada. Por otro lado, el culto existe y se desarrolla con el apoyo tácito de las autoridades, porque el gobierno y los propios funcionarios del gobierno a menudo recurren a la "Madonna con una guadaña" en busca de ayuda.

¿Quién es la Santa Muerte?

Algunos admiradores de la Dama de los Huesos la tratan como el octavo arcángel. Otros afirman que es un ángel caído del Purgatorio, que intenta recuperar la gracia de Dios y obra milagros para demostrarlo.

En términos de rituales y doctrina, el culto a la Santa Muerte es una mezcla de elementos cristianos y paganos, y está estrechamente relacionado con la diosa azteca de la muerte Mictecacihuatl. No se sabe si nació en la Ciudad de México en la década de 1940 o en el estado mexicano de Hidalgo en la década de 1960. Una cosa es segura, sus raíces se encuentran profundamente en los barrios miserables de México y el inframundo criminal. El pleno florecimiento de la Santa Muerte comenzó hace varios años, cuando mafiosos y capos de la droga, gente profundamente religiosa, comenzaron a construir altares ocultos en sus casas, donde en secreto rezaban a la Niña Blanca para que les ayudara en sus actividades delictivas, para evitar el castigo, una vida cómoda o una muerte tranquila. Al parecer, el furor comenzó en los años 90 después del arresto de The Mochaorejas (Cortador de orejas), un criminal mexicano. Durante un registro, la policía descubrió el santuario personal de la Santa Muerte en su apartamento. Y hubo una avalancha...

Este descubrimiento, ampliamente difundido en los medios, inspiró a otros fieles a salir del inframundo. Durante 2 años hubo incluso una iglesia oficial de los seguidores de la Santa Muerte en México. En muchos sentidos se parecía a la Iglesia Católica Romana, excepto que no era Dios sino la muerte. El atractivo del culto a la Santa Muerte aparentemente se debe al hecho de que la Dama Huesuda hace milagros a un ritmo acelerado. Ella responde a todas las oraciones y hechizos, incluso si no son para un bien superior.

¿Quiénes son los seguidores del culto a la Santa Muerte?

El culto a la Santa Muerte está presente en todos los grupos sociales mexicanos, pero la gente de clase trabajadora, los pobres, los marginados y todos aquellos que se sienten excluidos del poder o de la sociedad de alguna manera son los que más admiran a este santo. Las personas rezan a la muerte por diversas intenciones, generalmente pidiendo salud, prosperidad, amor o dinero.

El culto a la Santa Muerte siempre ha estado indisolublemente ligado a la delincuencia, la prostitución y el narcotráfico. Atrae a quienes no pueden encontrar consuelo espiritual en la iglesia católica tradicional, porque no forman parte de los llamados El sector "legal" de la sociedad. Muchos de los partidarios de la Santa Muerte viven al margen de la ley o completamente fuera de ella. Los capos de la droga, los mafiosos, los traficantes, los contrabandistas, los asesinos, las prostitutas o los homosexuales piden a la muerte cosas que a la Señora de Guadalupe no se le pide.

La Santa Muerte (Kostuchna, la Hermana Blanca, la Dama Huesuda) tiene sus raíces en algunas de las regiones más oscuras, miserables y peligrosas de México. El pleno florecimiento del culto comenzó con el comienzo del nuevo milenio. Gangsters, traficantes de drogas y otros delincuentes, a pesar del estilo de vida que llevan, eran creyentes. Cabe agregar que, en México, el catolicismo es una de las principales religiones y la mayoría de las personas con antecedentes delictivos crecieron en familias de católicos practicantes. Personas pertenecientes al mundo criminal comenzaron a crear altares secretos en sus casas y rezar a Ninia Blanca, la Niña Blanca. Le pidieron cosas similares a las que se le piden a la Santa Madre: salud, prosperidad, paz, pero también ayuda en sus negocios turbios o evitar el castigo por sus ofensas.

El mundo criminal mexicano ha hecho de la Santa Muerte su patrona. La muerte da libertad, no inventa reglas de conducta, no dice qué hacer. Ella solo es, observa y viene cuando es el momento adecuado. Ella nunca juzga. No señala con el dedo a nadie, solo cumple con las peticiones que quiere, pero, sobre todo, no castiga a nadie por ser quien es.

Se dice que la Señora de la Santa Muerte, a diferencia de Dios, escucha todas las necesidades de sus seguidores y hace milagros a un ritmo acelerado, cumpliendo las peticiones más íntimas de los fieles, también aquellas que, desde el punto de vista de la moral y las leyes se desvían de la típica definición de bien.

El número de seguidores de la Iglesia Católica en México está disminuyendo. Cuando hay una deficiencia en un área, las personas están ansiosas por generar ideas que les permitan llenar el vacío. Las creencias y rituales asociados a la Santa Muerte encajan en los estratos sociales desgarrados de México, quienes sienten la necesidad de alimentar su espiritualidad o, como cree la Iglesia Católica, la necesidad de justificar sus fechorías.

Hoy en día, la Santa Muerte y su culto se encuentran prácticamente en todas las clases sociales. Sin embargo, es obvio que la mayoría de sus seguidores se encuentran en los grupos más ignorados por el resto de la sociedad y las autoridades. Como se cree, solo la Santa Muerte es capaz de escucharlos y satisfacer necesidades específicas. La dama huesuda dará la bienvenida a cualquiera que no pueda encajar con los principios de la religión tradicional.

Los rituales asociados con la Santa Muerte a menudo se parecen a la tradición católica. En su honor, se erigen capillas y altares en los que los fieles rezan y ofrecen regalos, por ejemplo, flores. La ropa para la celebración de los rituales a menudo se parece a las vestiduras litúrgicas. También se crean cuadros que derivan su estética del arte sacro. Sin embargo, a diferencia de las imágenes mexicanas de la muerte, la Santa Muerte en los retratos da bastante miedo y mira ansiosamente a sus seguidores.

También hay procesiones, la más grande tiene lugar a principios de octubre. El culto también se basa en otras tradiciones, por ejemplo, las paganas. Algunos ritos van acompañados de brujería, satanismo y sacrificios de sangre. Para que Kostucha sea amable, lo mejor es ofrecerle cosas preciosas. Algunos sacrifican joyas, otros solo dinero. También hay quienes le ofrece dulces o varios estimulantes, como alcohol y cigarrillos. Según las creencias, la dama huesuda cumple de buena gana las solicitudes de quienes le brindan la mayor generosidad. Si una persona no tiene nada y quiere volverse a la Santa Muerte, por lo menos debe encender una vela en su altar.

Los delincuentes que envían solicitudes a la Santa Muerte saben que no lo hacen gratis. Además, una solicitud más grande requiere un sacrificio más rico. El pago siempre debe estar en línea con los deseos. La Santa Muerte espera que sus seguidores realicen rituales. El consumo desagradable conjunto de sustancias psicoactivas o alcohol es uno de los ritos menos destructivos. No faltan los sacrificios de sangre, por ejemplo, copas llenas de sangre animal.

Los criminales más peligrosos hacen sacrificios humanos. Los mafiosos, como empresarios, firman un contrato y hacen un trato con la Dama de la Muerte. Estas acciones son extremadamente inmorales y están dictadas por la fascinación y la romantización del mal y la agresión. En este caso, el tipo de creencia elegido tiene un efecto trágico en los extraños. Resulta que los sacrificios de sangre no los hacen solo los jefes de la mafia y sus ayudantes. Hay casos conocidos en los que personas aparentemente comunes cometieron asesinatos rituales, como el ya relatado de la familia de Silvia Meraz.

A los pies de las figuras que la representan, colocan botellas y vasos. Ponen puros, envoltorios de marihuana, sobres con pedidos. Cuelgan fotos de familiares por cuya salud y vida suplican. Encienden velas, arrojan monedas a las alcancías. Rezan en concentración.

El barrio pobre de Tepito en la Ciudad de México, un domingo hace unos años. Grupos de seguidores caminan hacia una pequeña capilla en una pequeña calle con bandas de traficantes y ladrones. Entre ellos hay jóvenes, ancianos, personas de mediana edad, familias con niños pequeños, sin barreras generacionales. Sin embargo, predominan las mujeres.

El texto de la letanía colgaba frente a la capilla: "En el nombre del Padre y del Hijo y del Espíritu Santo / Luz Inmaculada / Te ruego, concédeme tus favores / Hasta la última hora".

Estas súplicas a la Santa Muerte, a la Chudzina (La Flaca), a la Negrita (La Chica Negra), a la Santísima cuyo culto nació en México poco después de la conquista española, se desarrollaron en las dos últimas décadas, y ahora se propaga rápidamente por todo el hemisferio occidental, desde Canadá hasta Argentina.

Las imágenes tradicionales mexicanas de la muerte eran, sorprendentemente, alegres: la gente se alegraba de que sus seres queridos fallecidos regresaran por un tiempo y estuvieran nuevamente entre ellos. Las imágenes de la Santa Muerte son diferentes: lúgubres, majestuosas, inquietantes, a veces incluso aterradoras.

Muchas oraciones a ella suenan exactamente como oraciones católicas; sólo algunos tienen pequeñas diferencias. Paso uno: los fieles le piden a Dios que le permita volver a Chudzina. Segundo paso: piden a la Santísima Virgen que cuide de los enfermos, de los presos y de los pobres, que interceda en los problemas emocionales, que los sostenga en el hogar, en el trabajo, en la calle. Estas peticiones suenan exactamente como letanías al Corazón de Jesús o a Nuestra Señora.

Los seguidores de la Santa Muerte tienen rituales separados, a veces parecidos a los de las iglesias pentecostales. Por ejemplo, cierran los ojos, aprietan las manos y forman una cadena a través de la cual, según creen, fluye energía de ella. Esta energía es para darles fuerza, para ser un escudo defensivo contra las asechanzas, la mala suerte y las desgracias que les esperan en la vida.

Las imágenes y figurillas de la Santísima Virgen son rociadas con agua bendita traída de la parroquia local. A Chudzina le gustan los regalos: cigarrillos, chocolate, varias bebidas. Los rituales también incluyen el manchado de sus retratos y figuras con el humo de cigarros y porros de marihuana. Es una paradoja que la Santa Muerte también sea hedonista.

Los medios de comunicación recaban testimonios en cada convocatoria que se realiza en honor a San la Muerte en Tepito:

Una mujer de mediana edad dijo que le habían robado su auto la semana pasada y de inmediato acudió a pedirle a la Santísima Virgen que la ayudara a encontrarlo. Fue hallado de inmediato - ¡prueba de que Ella ayuda! Ahora acudió ante la Santa a darle las gracias. En el transcurso de la entrevista, resultó que la policía encontró el auto robado, pero -como cree el entrevistado- sucedió "gracias a su intercesión".

Una joven con un collar y una camiseta con sus imágenes argumentó que la Santa Muerte había sacado a su novio de la cárcel. Mientras cumplía su condena, ella le suplicó que lo protegiera. Sobrevivió a la prisión, están juntos de nuevo. Ella viene a la capilla de Tepito todos los días a agradecer a la mujer de su felicidad por cumplir con sus pedidos.

La niña era católica. Dijo que Dios Padre es lo más importante, y sólo entonces Ella. Sin embargo, cuando el párroco de la parroquia vio que vestía una remera y joyas con la imagen de la Santa Muerte, gritó que era pecado. Escuchó en silencio y sigue viniendo a la capilla de los "pecadores". Porque cree que es ella quien la ayuda.

Un joven (también con una imagen de la Santa Muerte en el collar) llegó a pedir tranquilidad tras divorciarse de su esposa. Dijo que solo confiaba en ella; La Iglesia católica es -en su opinión- "la mafia más grande del mundo, que hace fortuna con los pobres". De todos modos, la Iglesia condena el divorcio y entiende que la vida es diferente.

La Iglesia Católica está realizando una cruzada doctrinal contra el culto de Chudzina. Obispos y sacerdotes proclaman que este culto es una blasfemia, una superstición y una violación del primer mandamiento: "No adorarás a otros dioses". A pesar de las condenas escritas en los documentos de la iglesia y lanzadas desde los púlpitos, el culto prohibido está floreciendo y mejor que nunca.

Sincretismo religioso

El término sincretismo se usa generalmente en el contexto religioso en sentido de una amalgamación de tradiciones, ritos y conceptos mágico-religiosos. No cabe duda que, en el curso de la historia humana, las religiones se influenciaron mutuamente.

El investigador del culto a la Santa Muerte, prof. Andrew Chesnut, del departamento de estudios religiosos de la Virginia Commonwealth University, manifiesta que el origen de la santa se encuentra en la unión entre los motivos religiosos católicos en Europa y las creencias de los aztecas.

Durante la conquista, los españoles trajeron la imagen de una parca (muerte) con una guadaña. Era solo una representación artística de la muerte, no un santo, que tiene el poder de obrar milagros o cumplir peticiones de oración. Varias deidades asociadas con la muerte existían en las culturas locales, sobre todo en los aztecas. Uno de los más importantes fue Mictecacihuatl, y algunos de los descendientes de los pueblos indígenas de hoy consideran que la Santa Muerte es su próxima encarnación. Sin embargo, la mayoría de los seguidores contemporáneos de Chudzina son católicos practicantes. La Santa Muerte no es más que el fenómeno del sincretismo religioso, tan difundido en toda América Latina. Cuba tiene su santería, Brasil - candomblé y umbanda, México - Santa Muerte.

Los primeros testimonios que se conservan de su culto provienen de los documentos de la Santa Inquisición, que con la ayuda de soldados reales destruyó esta creencia, ya considerada por la Iglesia Católica como una blasfemia. Las oraciones a la Santísima Virgen probablemente se detuvieron como resultado de la persecución inquisitorial, o pasaron a la clandestinidad. No reaparecieron hasta la década de 1940, y el culto floreció durante la transformación política mexicana posterior a 2000 y una narrativa extremadamente sangrienta que había estado destrozando al país durante más de una década.

El boom actual comenzó en los barrios de pobreza. El cambio de régimen, es decir, el derrumbe del dominio monopólico del Partido Revolucionario Institucional, significó entrar en tiempos de incertidumbre. Las estructuras de poder formales e informales se habían derrumbado, lo que provocó el caos y una rara ola de violencia. México se inundó de asesinatos masivos, secuestros por rescate, crimen organizado (primero de empresarios, luego de ciudadanos de bajos ingresos, ahora también de autoridades locales). Estalló una guerra entre cárteles de la droga, en la que el Estado entró enviando al ejército.

El saldo de esta guerra hasta ahora ha sido de aproximadamente 200.000. muertos y desaparecidos. Entre los conflictos en el mundo en los últimos años, solo la guerra en Siria supera a México en número de víctimas. La relación entre el número de muertos y el creciente culto a la Santa Muerte es difícil de pasar por alto.

Un celo vengativo

Los psicólogos sociales creen que la crisis económica de 2008 también contribuyó al florecimiento de nuevas creencias y al renacimiento de algunas antiguas. Primero, la sequía golpeó a México, luego la gripe porcina, que desaceleró la industria del turismo, una de las fuerzas impulsoras económicas. Las reservas de petróleo también comenzaron a disminuir. Y como las religiones tradicionales no prevenían las plagas y desgracias, se buscaron nuevos protectores y mecenas que nos ayudaran a sobrevivir a los tiempos de decadencia.

En tal aura, la gente comenzó a volverse hacia la Santa Muerte -que gobernaba las calles- con temor y respeto. Comenzaron a pedirle oraciones para que ella fuera amable y los protegiera. Se sabe que todos moriremos, pero que la Santísima Virgen no se lleve demasiado rápido a nuestros queridos familiares. Los mexicanos comenzaron a construir sus capillas, adoratorios y altares donde fuera posible. Hoy el país está salpicado de miles de lugares de culto.

El Profesor Chesnut cree que, a diferencia de los santos católicos tradicionales, patronos de una sola causa, la Santa Muerte es un santo polivalente y expresa el espíritu de los tiempos de guerra y violencia.

La Iglesia limita los caminos de vida de elección: el hombre tiene diez mandamientos y debe vivir de acuerdo con ellos. En la era de la explosión de la delincuencia mayor y menor, cuando muchos no tienen otra forma de progreso económico que el vicio, la Santa Muerte como objeto de culto es sumamente conveniente. No requiere que el ladrón no robe, y que el asesino no mate. Su culto da a los seguidores del mundo criminal un sentido de consentimiento, una libertad e impunidad peculiarmente entendidas.

La "teología" de la Santa Muerte puede resultar sorprendente. Lo más importante es que cada seguidor tiene la suya. Algunos creen que Chudzina tiene el mismo bien: protege a sus fieles y los defiende. No le importa cuando alguien le reza a Nuestra Señora de Guadalupe. Otros, sin embargo, creen que a veces actúa como vengadora. Según estos, no le gusta que los fieles recen a otros santos o les pidan favores. En resumen: es un gran celo.

Según esta última "teología" popular, la Santísima Virgen es vengativa y tiene poder para matar. Si te burlas de ella o le faltas el respeto, es posible que te castigue a ti o a alguien a quien amas con una enfermedad o una muerte prematura. Es ella quien decide si morirás en paz y tranquilidad de vejez, o en un accidente o en un tiroteo.

Muchos creen que la Santa Muerte es la patrona del mundo del vicio y el crimen. Es cierto que muchos sicarios a sueldo de los cárteles, secuestradores y mafiosos le rezan. A veces incluso le rinden homenaje con sangre humana y matan gente. Quieren disculparse (¿sobornar?) porque saben que pueden atraparlos durante un robo, secuestro, contrabando o intercambio de disparos con rivales de otra pandilla.

Sin embargo, la mayoría de los seguidores de la Santa Muerte son personas comunes y trabajadoras, generalmente pobres. Si hay delincuentes entre ellos, son más bien mezquinos: los que tenían unas cuantas parcelas de cocaína o crack con ellos y no tenían dinero para comprarle a un policía. O los desafortunados que robaron unos paquetes de tortillas -que en México es como el pan en Europa- y fueron a la cárcel por ladrones.

El catedrático Chesnut cree que vincular su culto con el mundo criminal es una exageración de los medios, a los que les gusta modificar las historias para que suenen más sensacionalistas. Para muchos católicos, la Santa Muerte es simplemente uno de los santos, como Santa María o San Juan. Para algunas personas, algo así como el Espíritu Santo, pero femenino.

Guardián de los criminales

La Santa Muerte no es la única patrona ilegal del mundo ilegal. Un culto similar se lleva a cabo en México para "San Jesús Malverde" - el protector de todos los forajidos, narcotraficantes, asesinos y ladrones.

Malverde es una figura auténtica. Nació en 1870, vivió 39 años, fue un ladrón que saqueaba a los ricos y repartía a los pobres. Malverde es el Robin Hood del estado de Sinaloa, la Sicilia mexicana, cuna de todas las mafias locales. Cuando le dispararon y las autoridades prohibieron enterrar su cuerpo, la gente trajo una piedra hasta que se creó un montículo. Así le organizaron un entierro católico ilegal. Ahora, en la capital de la región, Culiacán, se levanta una gran capilla en su honor.

"Los tipos más duros, los peores delincuentes de las montañas y los valles, llevaban su imagen en cinturones, escapularios, gorras de béisbol", escribió Arturo Pérez-Reverte en su novela "Reina del Sur". Algunos sicarios pusieron una foto de Malverde en la empuñadura de una pistola o en la culata de un Kalash".

Malverde es también el santo patrón de los inmigrantes ilegales y refugiados. Deambulando desde Centroamérica por México hasta Estados Unidos, dejan oraciones en sus capillas por el feliz final de su peregrinaje.

Capítulo 2
Culto a la muerte

La Santa Muerte y la doma de la muerte

Los mexicanos son quizás más conocidos por domar a la muerte. El lugar en el que viven es invariablemente alto en el ranking de los países más peligrosos del mundo. Es allí donde la anarquía parcial y el crimen se apoderan cada vez más de la sociedad que la Muerte parece inofensiva. Es lo único seguro, ya veces el único y último recurso, abandonar este lugar.

Domar algo que es inevitable, como la Muerte, lo tienen los mexicanos al alcance de la mano. La figura con la imagen del esqueleto se puede ver y comprar en todas partes. Sus imágenes se alzan junto a la imagen de Jesús crucificado y esta vista no sorprende a nadie. Vale la pena señalar que no todas las figurillas discutidas son retratos de la Santa Muerte. En muchos lugares de México también puedes encontrar cuadros alegres y coloridos con la imagen de la parca.

Parece que no hay nada de malo en domesticar el tema de la muerte, que es simplemente un tabú en muchas partes del mundo. Está bien estar preparado y dispuesto a comprender lo que seguramente nos sucederá a cada uno de nosotros. Más bien, es un proceso bienvenido, no solo en México sino también en la corriente principal de la religión cristiana.

Un dato divertido es que, durante las Copas del Mundo, Santísima se viste con los colores de la bandera mexicana (verde, blanco, rojo) y se le coloca una pelota de fútbol en las manos (en lugar del tradicional globo terráqueo). Todo esto se hace para que la Chica Blanca traiga buena suerte a la selección nacional. Si te ayuda o no, juzga por ti mismo. Pero el hecho es que la selección mexicana es el oponente más incómodo para la selección más fuerte del mundo: la selección brasileña. Y en los últimos diez años, los encuentros de estos países en partidos oficiales le han dado a México seis de siete victorias.

Pero no solo el fútbol lleva a la Santa Muerte a casi todos los hogares. Hoy, la imagen de la Muerte es popular tanto en casa como más allá de sus fronteras. Se ha convertido en parte del arte, y los artistas y diseñadores de todo el mundo lo utilizan activamente en su trabajo. El esqueleto con elegante vestido aparece en los lienzos de Diego Rivera y Frida Kahlo, en grabados e ilustraciones de libros de José Guadalupe Posada.

Más recientemente, Nike lanzó una serie de zapatillas deportivas llamada Santa Muerte.

Y si miramos de cerca la foto de la estrella de la pasarela tatuada Rick Genest (Zombie Boy), no es difícil entender cuál se convirtió en la fuente de inspiración de su imagen del "más allá".

México es un país único donde la actitud ante la muerte es radicalmente diferente a lo que nos es familiar desde la niñez. Parte integral de la vida de la mayoría de la población es la celebración anual del Día de los Muertos, festividad dedicada a la memoria de los muertos, que tiene lugar el 1 y 2 de noviembre. Existe la creencia de que en estos días las almas de los familiares difuntos visitan su hogar. Se organiza un carnaval en todo el país, se preparan dulces en forma de calaveras, el tequila fluye como un río. Los cementerios están decorados con cintas y flores, y los caminos que conducen a las viviendas están alineados con velas para que los muertos puedan encontrar el camino a casa.

El atributo principal del Día de Muertos es la figura de Calavera Catrina este es un esqueleto femenino con un vestido lujoso, una especie de fashionista del inframundo, una especie de prototipo de la Santa Muerte. La variedad de tales figuras es asombrosa: además de los atuendos elegantes, Katrina puede tener una dote en forma de un tocador, un piano, un automóvil o incluso un jacuzzi. A menudo aparece en las imágenes más inesperadas: desde una novia y una bailadora de flamenco hasta una estrella de rock y una geisha.

El Día de los Muertos es un evento colorido donde no hay lugar para el luto. La gente del pueblo se disfraza de necrófagos y de la misma Muerte. También es costumbre esparcir cenizas sobre la cabeza y lavar los huesos de los familiares fallecidos durante toda la noche. Cantos, bailes y apuestas ciertamente acompañan la celebración, en la que está terminantemente prohibido afligirse y llorar. Otra tradición interesante del Día de Muertos es la creación de imágenes caricaturizadas de personajes importantes que ahora viven, acompañadas de obituarios poéticos.

¡El Día de Muertos es un día para celebrar la vida! Y no por nada dice la sabiduría popular mexicana: "¡Todo lo mejor que hay en mí se lo debo a la muerte!".

Santa Muerte - el significado de un tatuaje

La imagen de la Santa Muerte ha aparecido últimamente cada vez más entre personas que no tienen nada que ver con el culto. Los tatuajes inspirados en su personaje también están de moda. Por regla general, estas obras corporales son retratos de mujeres-muerte, principalmente en los colores gris y negro. También se puede encontrar tatuajes con pequeños elementos de color, por ejemplo, flores o a todo color. Tal pintura es usada en los cuerpos no solo por representantes de grupos criminales mexicanos. El símbolo de la Santa Muerte se ha convertido en inspiración para crear muchas creaciones de tatuajes que nada tienen que ver con la identificación con el culto a la muerte, sino que son solo una expresión estética de la expresión artística.

Un tatuaje con la imagen de la Dama de la Muerte en el cuerpo de un delincuente actúa como talismán para proteger a la persona que lo lleva. Sin embargo, la moda de la imagen de la Santa Muerte hizo que dicho tatuaje perdiera importancia. Las mujeres que tienen tatuada la imagen de la muerte creen en su poder en el amor y que gracias a él encontrarán en su camino a una pareja idónea con la que podrán pasar la vida

Una celebración inusual en México: "El Día de los Muertos"

Los mexicanos son una de las naciones más religiosas del mundo, pero curiosamente durante siglos han combinado hábilmente las creencias paganas de sus antepasados con la religión católica. El culto a la muerte está profundamente arraigado en su cultura. Una de sus fiestas más importantes y coloridas es el Día de Muertos.

El enfoque de los mexicanos sobre el tema de la muerte y la vida después de la muerte es completamente diferente al de los católicos. Para ellos, la vida y la muerte están indisolublemente unidas, y pasar al otro lado no es motivo de tristeza y luto.

El culto a los muertos se remonta aproximadamente a tres mil años en la época precolombina. Originalmente, el día de los muertos era de gran importancia para las comunidades indígenas que vivían allí mucho antes de la llegada de los católicos. La tradición mexicana del Día de Muertos ha sobrevivido incluso a los tiempos difíciles que vinieron con la invasión española de México en el siglo XVI y que consideraban sacrílega la religión local. Sin embargo, las celebraciones tradicionales del Día de Muertos no fueron abolidas, sólo sufrieron una cierta evolución, adoptando algunos elementos cristianos. Entre otras cosas, la fecha ha cambiado. Inicialmente, el Día de los muertos se celebraba en agosto y duraba un mes completo, pero se trasladó a principios de noviembre para coincidir con la tradición católica del Día de Todos los Santos. Precisamente, medidas tales como trasladar las festividades indígenas para superponerlas con las fechas de las festividades cristianas se utilizaron a menudo en los países conquistados y colonizados para convertir a la población local a la fe cristiana. Los mexicanos, sin embargo, lograron mantener sus creencias tradicionales sin cambios, combinándolas con dogmas cristianos, que a algunos católicos acérrimos no les gustan del todo.

¿El Día de Muertos tiene algo que ver con Halloween?

A pesar de algunas similitudes, como disfraces coloridos, esqueletos y calaveras omnipresentes, la fiesta mexicana no tiene nada que ver con Halloween, ya que está profundamente arraigada en la cultura y las tradiciones del país, y no es solo entretenimiento. Aunque hay que admitir que originalmente Halloween también tenía un trasfondo religioso, que, sin embargo, se fue desvaneciendo con el tiempo, dejando solo una creación comercial. El comienzo de Halloween hay que buscarlo en la fiesta celta de Samhain, que pretendía decir adiós al verano y dar la bienvenida al invierno. Los celtas creían que el 31 de octubre, los límites entre el mundo de los vivos y el mundo de los muertos se estaban desdibujando. En la tradición de Halloween, las brujas juegan un papel importante, ya que se cree que debían venir a una fiesta con poderes malignos.

Los mexicanos, por su parte, creen que, a partir de la medianoche del 31 de octubre, las almas de los niños difuntos descienden del cielo a la Tierra y se reúnen con sus familias el 1 de noviembre, y que las almas de los adultos difuntos vienen de visita el 2 de noviembre. Durante este tiempo, las familias instalan altares en sus hogares en honor (llamados ofrenda) de sus familiares, decorados con coloridas flores frescas, velas y los platos favoritos de los muertos. Según la tradición, una ofrenda debe tener 7 grados, es decir, tantos como el alma del difunto tenga que superar los niveles para experimentar la paz eterna. Los invitados reciben pan de muerto, un pan ligeramente dulce, horneado especialmente para la ocasión. Los familiares y amigos del difunto comen, recuerdan, beben tequila y celebran la vida. La mayoría de las veces, no cierran la puerta porque creen que nunca se sabe quién puede traer las almas de un ser querido contigo.

Domar la muerte y celebrar la vida

En algunas provincias de México, en las calles de ciudades y pueblos, se puede encontrar personas vestidas como la muerte, simbolizada aquí por La Calavera Catrina, la primera dama de México, es decir, un esqueleto humano con un vestido elegante y un sombrero con plumas. Este personaje fue inventado a principios del siglo XX por el artista mexicano José Guadalupe Posada, y su fama la selló Diego Rivera al incluirlo en uno de sus famosos murales.

El ambiente en el Día de los Muertos es alegre porque para los mexicanos es una oportunidad de reencontrarse con los que han fallecido. Los mexicanos creen firmemente que la buena recepción de los espíritus de sus familiares fallecidos les asegurará bienestar, salud y protección contra las desgracias. Tal forma de recibir a un huésped difunto es instalar un altar de sacrificio en la casa, decorado con flores, en el que se coloca una fotografía del difunto, sus platos y objetos favoritos, e incluso alcohol. A veces, el camino desde la puerta de la casa hasta el altar se ilumina con velas para que el espíritu pueda llegar fácilmente a sus seres queridos.

Estando en México en ese momento, definitivamente vale la pena ir al cementerio, donde se lleva a cabo el resto de la celebración. Los cementerios se llenan entonces de colores, flores frescas, incienso y velas. Se colman de música, risas y el zumbido de las conversaciones. Las familias organizan picnics en las tumbas de sus familiares para estar con ellos y recordar sus vidas. En muchas ciudades se organizan coloridos y alegres desfiles. En México, la fiesta de los muertos no tiene nada que ver con la nostalgia, la melancolía otoñal y la ensoñación, que están inseparablemente unidas a la celebración del Día de Todos los Santos en el resto del mundo cristiano.

Hay algo extraordinario en el Día de los Muertos que hace sentir esta atmósfera de alegría y celebración de la vida, incluso si solo se es un observador, un turista que está de paso. Los mexicanos honran a sus muertos, recordando sus vidas y el tiempo que pasaron juntos en la Tierra, los muertos de hecho todavía están entre ellos, porque el hombre vive mientras vive su memoria. Vale la pena traer esta lección de México y recordarla para sacar de la vida a puñados, disfrutar del tiempo que aquí se nos ha dado y tratar la muerte como parte integral de la vida, un tránsito a otra dimensión. Curiosamente, el Día de Muertos de México se ingresó a la Lista del Patrimonio Inmaterial de la UNESCO en 2008.

Calaveras

Las calaveras se pueden ver en todas partes el Día de Muertos, desde dulces hasta creaciones de papel maché para decorar casas y altares. Algunas calaveras tienen los nombres de los seres queridos fallecidos escritos en la frente para recordarlos.

El significado de la calavera y el esqueleto en este día es honrar la naturaleza continua de la vida, reírse alegremente de la muerte y aceptarla como parte de nuestra existencia diaria.

Las calaveras de azúcar

Otra tradición azteca, están hechas de calaveras de azúcar prensadas y agua con el nombre del difunto escrito en la frente. Las calaveras son coloridas calaveras de arte popular, decoradas con papel de colores, glaseado, cuentas, cintas y plumas. Son un recordatorio de los ciclos de la vida.

Pan de muerte

El pan de muerto es una parte importante de la ofrenda y es muy valorado y apreciado durante esta fiesta. La forma redonda del pan representa el cuerpo humano.

Hay diferentes variedades de pan de muerto. Unas son a base de anís, otras con extracto y ralladura de naranja; otros se cubren con semillas de sésamo y otros con azúcar. Cuenta la leyenda que el pan se remonta a la época prehispánica y podría haber reemplazado los sacrificios humanos originalmente exigidos por los aztecas para honrar la festividad.

Capítulo 3
Rituales

En Tepito, en el barrio más peligroso de la Ciudad de México, se encuentra la Capilla de la Santa Muerte más popular. Su desclasificación y apertura general se remonta al 1 de noviembre de 2001. A partir de ese momento, todo aquel que respete la Santa Muerte puede entrar en la capilla. Todos los meses, para conmemorar este acontecimiento, los santeros o adoradores se reúnen en la capilla y rezan el rosario, y una vez al año, el primero de noviembre, que es el Día de Todos los Santos en la fe católica, también se da la fiesta de Santa Muerte.

En este momento, la celebración más grande se organiza en Tepito. Los fieles rezan en la capilla, bailan, comen juntos y brindan. Los días no festivos, los fieles llevan flores frescas a la ermita. Los aztecas solían decorar los terroríficos rostros de sus deidades de forma similar. Las flores también se usaban para vestir a las personas que eran sacrificadas en mantos rituales.

A la entrada de la capilla hay una inscripción: "En el nombre del Padre, del Hijo y del Espíritu Santo, Luz Inmaculada, te suplico, concédeme tus favores hasta la última hora". En el centro, sin embargo, se encuentra la imagen más importante de la Santa Muerte. La figura está vestida con prendas muy festivas, que recuerdan el traje de boda de una novia mexicana. Curiosamente, es una tradición vestirla con ropa nueva el primer lunes del mes.

¿Cómo se adora a la Santa Muerte?

Los santeros consideran a la Santa Muerte como una práctica católica porque va acompañada de la construcción de capillas, uso de altares, colocación de flores, vestiduras litúrgicas, pinturas y procesiones. Desafortunadamente, también va acompañado de brujería, satanismo y permiso para hacer el "mal"; lo que se dice con menos frecuencia. Las figuras que representan el esqueleto de una mujer muerta vestida con ropas o calaveras de cerámica coloridas se pueden encontrar prácticamente en todas partes en México: en las recepciones de los hoteles, restaurantes, confiterías, en los escaparates de las tiendas departamentales, en las tiendas de souvenirs o en los bazares. Muchas veces, la Santa Muerte comparte un estante de una tienda o una vitrina con una estatua de Nuestra Señora de Guadalupe o una estatua de Jesús.

Es un motivo popular en camisetas, tazas y medallas. También adorna los cuerpos tatuados de los mexicanos. En México, no molesta a nadie. Los devotos de la parca le ofrecen dinero, joyas, flores, alcohol, dulces y cigarrillos. De todos es sabido que la Santa Muerte no actúa desinteresadamente. Cuando le pidas algo a la Dama oscura, debes darle algo o al menos encender el llamado vela votiva. Estas velas vienen en 14 colores correspondientes a intenciones específicas. En muchas ocasiones solo se venden en paquetes de siete colores, pero con ellos se pueden solicitar múltiples propósitos.

Energía del color de las velas

El elemento fuego es muy fuerte, atrae y fascina. Las velas se han convertido en un elemento familiar del diseño de interiores para muchos, pero también para adorar a las deidades. Pero, ¿con qué frecuencia pensamos que, al encender una vela, su color puede tener un impacto en nuestras vidas? Hay reglas sobre cómo negociar con el fuego: encienda con fósforos, no con un encendedor. Puede escribir su deseo en una vela, si lo acompaña con la oración correspondiente.

Y ahora, averigüemos qué color de vela debemos encender.

* **Blanco**

Limpieza, salud, espiritualidad, honestidad, poder divino, paz y tranquilidad. La vela se puede utilizar en la meditación o la oración. A menudo, las velas blancas se utilizan como velas de altar.

El significado del color de una vela blanca es perspicacia, decisiones sabias y acciones sinceras. Tales velas ayudan en la curación y la clarividencia, en la búsqueda de la verdad, suavizan y equilibran las acciones de las velas de otros colores.

Este color es muy interesante porque denota dos cosas completamente opuestas al mismo tiempo. Por un lado, una vela blanca, símbolo del cielo, ayuda a personas de diversas profesiones, especialmente a los docentes. Le ayuda a lograr su objetivo. Por otro lado, esta vela simboliza el lago y da alegría a los demás. Si una mujer sin hijos enciende esta vela, entonces el fuego de esta vela le dará la alegría de la maternidad.

Se puede utilizar para limpiar la casa de energía negativa.

- **Rojo**

Las velas rojas tienen un espectro de acción bastante amplio. Se utiliza para atraer el amor y la pasión. Al mismo tiempo, se utiliza para restaurar la salud y la fuerza física. Este color corresponde al elemento fuego y puede usarse para dar fuerza, para avanzar hacia una meta, por ejemplo, para el crecimiento profesional.

Para aumentar la energía del amor, se encienden dos velas a la vez, como símbolo de reciprocidad. Además de los rituales de amor, las velas rojas se utilizan cuando se necesita vitalidad, energía, cuando se necesita dar vida a algún proyecto o idea.

Tales velas ayudan a fortalecer la protección que nos rodea contra la ansiedad, los malos pensamientos, las personas no deseadas, fortalecen el sistema inmunológico y aumentan la vitalidad. Las personas demasiado tranquilas que a menudo piensan en cómo superar la pereza o cómo encontrar la motivación, se prescriben velas rojas encendidas en la casa como un remedio universal. Mientras tanto, las personas de mal genio e irritables, los elementos del fuego, que han fortalecido sus propiedades con un color rojo característico, pueden empujarlos a actos precipitados, fortaleciendo el lado del conflicto en la comunicación con los demás.

Una vela roja le ayudará a alcanzar la fama, ascender más rápido en la carrera profesional. Pero tenga cuidado de no encenderla con demasiada frecuencia y manténgala en el dormitorio, de lo contrario, siempre estará en estado de agitación. El color rojo le estimulará a la actividad y la pasión, lo que no le permitirá relajarte y descansar.

- **Rosa**

Feminidad, atractivo, romance, amistad. Amor tierno y puro. Las velas de este color ayudan a construir relaciones, incluso con gente no muy confiada.

Rosa: una mezcla de rojo y blanco, convierte el material rojo en el color de la amistad, el amor, las expectativas de cambios en la vida personal. Las velas rosadas atraen el romance, las relaciones sensuales y al mismo tiempo sublimes, ayudan a una mujer a volverse más suave, más tierna, sugieren el camino para encontrar la armonía en el alma. El color rosa programa la energía de la llama para la reconciliación después de una posible disputa o para encontrar soluciones de compromiso, formas de interactuar, da tranquilidad. Las más exitosas y mágicamente fuertes son las velas perfumadas con el aroma de una rosa, que realza el significado del color para el fuego.

- **Amarillo**

Estas velas potencian la capacidad de enfocar, concentrarse en cualquier problema o acción. La energía de la llama de una vela amarilla tiene como objetivo ayudar en la rápida absorción del conocimiento, en el desarrollo y en la mejora de la memoria. Además, el amarillo también es un símbolo de bienestar financiero y material. Deje que la vela amarilla se apague el día anterior a una reunión importante o cualquier evento en el que sea importante para usted ganarse a la gente para su lado, o convencer a alguien de que tiene razón.

Estas velas simbolizan el elemento tierra y se utilizan para mejorar las relaciones matrimoniales y amorosas. Y si desea armonía y comprensión mutua en su relación con su pareja, al encender una vela amarilla, obtendrá rápidamente lo que desea. Además, una vela amarilla llena de optimismo y alegría la casa y las personas que la habitan. Estas velas son especialmente buenas para encender cuando tiene invitados.

- **Naranja**

Esto es control sobre la situación o su cambio. Un símbolo de poder y empresa, la capacidad de adaptarse rápidamente. El naranja se considera el color de la alegría, la felicidad, el optimismo. Entonces, si se vuelve triste, encendemos una vela naranja y recordamos los momentos felices de la vida: el anhelo desaparecerá para siempre. La misma vela se puede utilizar para todo lo relacionado con el sexo y el placer.

Se encienden velas naranjas para atraer la energía del éxito y la fama. Ayudan a tomar decisiones importantes y responsables y son una herramienta poderosa en el inicio del cambio.

Es interesante saber que la vela naranja es un símbolo de tres cosas a la vez. En primer lugar, simboliza las montañas y da a sus dueños sabiduría y paz. En segundo lugar, atrae riqueza y crecimiento profesional a la casa, y es un símbolo del sol. Y su último significado es que proporciona asistencia en la promoción profesional. Una vela naranja ayuda a mejorar la vida en todos sus aspectos.

- **Marrón**

Tan relevante como siempre en momentos de crisis financiera y situaciones inestables. El primero es la asistencia en casos judiciales. El segundo es para el tratamiento de mascotas. El tercero es ayuda para encontrar cosas que faltan.

El marrón es el color de la tierra, el color de las raíces, el hogar, el color de la calma y la vida sedentaria, el color del "sentimiento de rebaño". Las velas de cera sin refinar son marrones. Estas velas ayudan a equilibrar la conexión con la naturaleza y el mundo exterior.

- **Verde**

Ayuda a atraer dinero, buena suerte en el juego, en los negocios, buen trabajo, cosecha. También armonía, rejuvenecimiento, sanación del cuerpo físico. Casamiento.

La abundancia de velas verdes en la casa es un buen programa para su mundo, el fuego y la tierra en una proporción armoniosa contribuyen al éxito y a los frutos maravillosos, tanto en términos de decisiones exitosas como de ganancias materiales. Una mujer que no es indiferente a las velas verdes es joven de corazón y tiene una belleza natural interior inusualmente atractiva. Las velas verdes bien pueden ser sus amigas diarias, ayudando a consolidar el resultado de deseos cumplidos o rituales mágicos realizados.

- **Azul**

Espiritualidad, meditación, oración. Paz, protección y tranquilidad en la casa. Ayuda a proteger los edificios.

Una vela azul encendida trae comprensión, lealtad, protección a la casa. Una vela azul calma las pasiones innecesarias, da una sensación de pureza y ligereza.

Las velas de color azul claro tienen un significado similar a las azules, pero su efecto es más suave, dotan a una persona de paciencia, dan inspiración y ayudan en el tormento espiritual. La llama de una vela azul, si en el momento de su encendido piensa en su ser amado, lo programa para la lealtad y el cariño en los sentimientos hacia usted. Las velas azules se utilizan a menudo para las sesiones de espiritismo.

Otros usos son para obtener sabiduría y protección, para la meditación, para la curación y la buena salud. Paz y armonía en la casa, tolerancia y tranquilidad. Ayuda a perder peso. La quema constante de una vela azul ayuda a la recuperación de enfermedades graves.

Se utiliza para curar y deshacerse de las influencias negativas. Si alguien cercano a usted está enfermo, encienda una vela azul y deje que se apague, se lleva la enfermedad consigo. Además, se puede utilizar para deshacerse de los problemas causados por la envidia, la ira de otras personas. La vela azul es ideal para la meditación ya que activa la mente.
Las velas azules nos ayudan a perdonar a otras personas y obtener el perdón para nosotros mismos, son buenas para las prácticas de meditación y en un momento en que se necesita sanación espiritual o física. Las velas azules atraen sueños proféticos, le ayudan a comprenderse a sí mismo y a encontrar las respuestas correctas a sus preguntas. Al mismo tiempo, uno no debe recurrir a menudo a las velas de color azul oscuro en busca de ayuda, un exceso de la

energía de su llama hace que una persona sea depresiva.

Si está cansado de la molestia y el alboroto, desea establecer un ambiente tranquilo y amigable en la casa, entonces las velas azules y todos sus tonos lo ayudarán en este asunto.

• **Púrpura**

Un color muy espiritual. La luz de las velas moradas promueve el magnetismo y el carisma. Ayudarán en la apertura de un nuevo negocio y en cualquier nuevo emprendimiento.

Se utiliza para eliminar hechizos, expulsar fuerzas oscuras y tratar enfermedades graves. Ayuda a la videncia, la adivinación y los contactos espiritistas con el otro mundo.

Estas velas revelan posibilidades humanas ocultas, expanden los límites de la conciencia, protegen contra las influencias mágicas del exterior y purifican de la negatividad fuerte, ayudan a cambiar los eventos de acuerdo con su escenario, brindan una oportunidad para el desarrollo de la intuición, para acciones decisivas y sabias.

• **Violeta**

Algunas propiedades de las velas son similares al violeta. Ayuda en la videncia y la adivinación. Se puede encender una vela durante los contactos espiritistas.

Muy hermoso, color "de otro mundo" - púrpura. Es una mezcla de rojo y azul, respectivamente, contiene las características de ambos colores, llevando, no obstante, su significado. La presión del rojo y la calma, la flexibilidad del azul da lugar a algo incompatible, místico, mágico en esta luz. El color de la intuición y la comprensión de la esencia de las cosas.

Promueve el éxito y la protección, ayuda en los negocios, desarrollo de contactos comerciales. Fortalece su buena reputación. Puede eliminar fallas. Será apropiado para la meditación y el autoconocimiento. Le ayudarán a indagar en los rincones más recónditos de su alma.

- **Gris**

Expulsa suavemente las fuerzas oscuras, neutraliza las influencias negativas. Útil cuando se piensa en problemas complejos.

El gris es el color de lo incompleto y la subestimación, intermedio entre el blanco y el negro. Al no tener características pronunciadas de uno u otro, a menudo se percibe negativamente. Crea una sensación de falta de originalidad y aburrimiento.

Neutralización, anulación de hechos pasados, acuerdos y decisiones, terminación pacífica de alianzas, equilibrio de poder, legalidad, regularidad, la secuencia necesaria, indiferencia, neutralidad.

Las velas de tonos grises son neutras, le ayudan a recobrar el sentido y ordenar sus pensamientos. Bueno para la meditación sobre la relajación y la reflexión, útil al final de un día duro y agotador.

- **Negro**

Estas velas se utilizan a menudo para absorber y destruir las energías negativas. La vela une las fuerzas oscuras y brinda protección. Elimina el mal de ojo y los daños. A menudo, las velas negras se utilizan como velas de altar, incluso junto con el blanco, para equilibrar la energía. Este es exactamente el caso cuando uno no juega con fuego.

Se utilizan para expulsar fuerzas del mal, enfermedades, cualquier impacto negativo, eliminar obstáculos y para que prevalezca la justicia. Nunca use esta vela con fines egoístas para dañar a alguien, ya que esto afectará negativamente su propia energía. Esta vela se utiliza para la meditación profunda, la reflexión seria.

Las velas negras repelen toda la negatividad posible en su vida, ayudan a eliminar obstáculos, a sobrellevar las circunstancias difíciles de la vida, expulsan el mal, ayudan a ganar fuerza en la lucha contra enfermedades graves. Tales velas no deben quemarse por nada o durante su encendido en sintonía con los deseos, cuyas consecuencias no está seguro.

- **Dorado**
Atrae la felicidad y la victoria.

- **Silver**
Significado se cruza con velas azules. Ayudan a eliminar las influencias negativas del exterior, limpian, mejoran el bienestar físico, dan vitalidad.
En conclusión, quiero decir: use el color de las velas para su beneficio y el de sus seres queridos, y nunca para lograr objetivos poco nobles o con deseos de dañar.

El ritual

La capilla más famosa dedicada a la Santa Muerte se encuentra en Tepito, el barrio más peligroso y pobre de la Ciudad de México. Fue expuesta al público el 1 de noviembre de 2001 por su tutora, doña Queta, una vendedora ambulante de tortillas. La capilla ahora está disponible para cualquiera que se acerque a la muerte con amor y respeto. El primer día de cada mes, los devotos de la Santa Muerte y su guardián la visten con ropa fresca y rezan juntos el rosario.

Se dice que la Santa Muerte es celosa y vengativa. También exige que sus fieles realicen rituales y sacrificios. Tomar drogas, beber alcoholes "sagrados", fumar hierbas son las formas más decentes de los rituales. Colocar vasijas con sangre animal o humana en el altar o hacer sacrificios humanos ya es duro y lamentablemente, pero no es raro.

Cómo se representa

Si el ritual se realiza en la casa del solicitante, éste la viste de acuerdo al deseo que le profesará:

• Traje tradicional - blanco - símbolo de pureza inmaculada. Color hueso para paz, armonía y éxito en los negocios y en el hogar

• Para ayudar en los amores, la capa de Muertita debe ser roja.

• Para resolver problemas con la ley o la Justicia- verde.

• Ámbar: para personas con problemas de drogas y alcohol.

• Castaño: Para pedir estar siempre bien, sea cual sea el problema que se presente.

• Para superar las dificultades financieras: oro (un símbolo de prosperidad) o amarillo (tranquilidad económica).

• En negro: es una fuerza que supera los obstáculos de la vida. Equilibrio entre el bien y el mal, protección total.

• Violeta: desarrollo psíquico y espiritual.

• Santa Muerta en azul o morado: el despertar de las habilidades místicas, la conexión con el mundo de los espíritus. Para el éxito en el trabajo y lograr la armonía en el ambiente laboral

• Muchas figuritas pequeñas se venden en los mercados para la construcción de altares caseros. Casi todos los comerciantes tienen una estatuilla de la Santa Muerte con dólares pegados, o puede colocarse en una caja llena de monedas en el mostrador.

• Las imágenes con cabello largo rubio o negro también son comunes. Y en los círculos de gánsteres, las estatuas de la Diosa a veces se construyen a partir de los esqueletos más naturales de los enemigos fallecidos.

• Siete poderes: es la Santa Muerte que viste siete colores diferentes a quien se dirigen diferentes solicitudes. Por otro lado, la posición en la que se encuentra la santa también tiene un significado. De pie con una guadaña: justicia y equidad. Sentada en un trono: representa al rey ante el cual todos nos presentaremos algún día.

Se le llevan muchas flores frescas a su altar: rosas rojas y blancas, caléndulas, claveles, nardos, tulipanes.

Las frutas también se incluyen en las ofrendas tradicionales y, por supuesto, deben ser frescas. Especialmente en honor son las manzanas rojas y amarillas (un símbolo de prosperidad). Santísima no rechazará cocos, piñas, mangos, sandías o plátanos.

A menudo se le presentan varios dulces (chocolate, miel, dulces, piruletas, incluso Coca-Cola y chicle), para que la vida sea dulce y sin amargura. Las bebidas alcohólicas también están entre los regalos. Tequila, ron, vodka de anís, coñac, vino, licor y, en ocasiones, cerveza, que deben ser en envases de vidrio.

Se le ofrece cigarrillos y puros. Esto ayuda a eliminar la envidia alrededor del autor de la pregunta. Por regla general, los productos del tabaco se ponen en 2 piezas (el número "2" y otros pares son venerados en esta religión).

El agua pura (ciertamente en vidrio) es el principal conductor de comunicación con la Santa Muerte.

El pan se cambia dos veces por semana. Al mismo tiempo, el rancio no se tira, sino que se lo deja en un parque debajo de un árbol.

Y finalmente: incienso, sándalo, mirra, romero, almizcle. Ayudan a limpiar la energía negativa y traen buena suerte.

Las velas y los aceites aromáticos no estarán de más en el altar. Además de lo anterior, se le coloca dinero e incluso cartuchos de armas de fuego a sus pies (para protección de una muerte violenta).

Se rumorea que la Santa Muerte es tan fuerte como celosa. Si dejas de darle muestras de respeto y atención, de repente puede tomarte entre sus brazos.

Los celos de Santísima también se manifiestan en el hecho de que ella no tolera imágenes de otros Santos o Espíritus cerca de ella. El único santo que puede colocarse junto a ella es San Judas (no Iscariote), el protector de los desfavorecidos y el patrón de las empresas peligrosas. Los feligreses temen acercar a otros santos a su mirada.

El adorador de la Santísima lleva consigo su imagen, como símbolo de que siempre la recuerda. Por lo general, se trata de un colgante o llavero de oro o plata. Para una mayor eficacia, el amuleto se templa al fuego de una vela. Además, muchos adherentes hacen un tatuaje con la imagen de esta santa en sus cuerpos; esto protege a una persona de balas, arrestos y otros problemas.

Algunos ritos son realizados sólo por niños (generalmente niñas pequeñas), porque la Santa Muerte es especialmente favorable a su pureza e inocencia.

Es costumbre comunicarse con Muertita (a diferencia de la religión cristiana) en pie de igualdad, con los hombros rectos y la cabeza en alto. En cuanto a la Santa, se la debe mirar directamente a los ojos. A menudo se fumiga su rostro o a la estatua con tabaco de cigarro para una especie de purificación. Tratándola con varios regalos, los beneficios se multiplican.

Para que la Santa Muerte conceda un deseo, debe acercarse a su altar de rodillas. Esta acción se muestra muy claramente en uno de los episodios de la serie "Breaking Bad".

Cada primera noche de mes se celebra una misa seguida de una bendición para todos los asistentes.

Pero algunos adeptos han encontrado una forma astuta de abandonar esta fe si es necesario: debe lavarse tres veces con agua bendita y luego dejar la estatua con una guadaña en una iglesia católica.

Los altares se crean tradicionalmente en el interior de las casas, en las tumbas de los cementerios y, más recientemente, en espacios públicos y museos en México y Estados Unidos. Estos altares públicos muestran el arte de hacer altares para el Día de Muertos y celebran a los seres queridos en el proceso.

Las ofrendas también incluyen:

•   Copal o incienso tradicional (que se remonta a las ceremonias religiosas prehispánicas en México).
•   Flor de cempazúchitl, o caléndula (a veces se utilizan otros tipos de flores).

• 	Objetos religiosos, como un crucifijo o una imagen de la Virgen de Guadalupe.

• 	Los cuatro elementos de la naturaleza: tierra, viento, agua y fuego, en diversas formas, pero suelen incluir una vasija de barro o cazuela (tierra) y velas (fuego).

• 	Las ofrendas dicen mucho sobre los familiares fallecidos y lo que disfrutaron en la Tierra.

Capítulo 4
Oración a San la Muerte

Cuando las personas necesitan con urgencia apoyo o ayuda, lo más común y efectivo es rezar una Oración a Santa Muerte para que lo llame. Este es un poderoso ritual que mostraremos en este capítulo.

El solicitante debe pensarlo mucho, tener muy claro en su mente qué es lo que desea, quienes son las personas que resultarán involucradas en la petición a la santa, y de los posibles resultados.

Oración a la Santa Muerte

Las oraciones son muy especiales y muy efectivas cuando se oran con fe y le ayudarán a resolver muchas situaciones difíciles que se han presentado en su vida.

Señor, ante Tu Divina presencia
Dios Todopoderoso, Padre, Hijo y
Espíritu Santo, pido permiso
para realizar la Santa Muerte de
Mi Niña Blanca.

Quiero pedir humildemente
Romper y destruir todos los hechizos
Encantamiento y oscuridad
Quién está presente en mí,
En mi casa, trabajo o camino.

Santa Muerte, quita todos los celos,

la Pobreza, el desamor, el paro.
Y te estoy pidiendo que me des amor
(Petición hecha).

Y de una bendita presencia
Graduados de mi hogar, de mis familiares
y de mi trabajo,
regalando amor, prosperidad.

Bendito y jactado de su amor,
Santa Muerte.

Señor, te doy infinitas gracias
porque veo mi amor en su búsqueda
perfeccionan mi espíritu.

¡Señor, gracias!
En medio de estos estudios
tendré una Bendita y Santa bendición.

Amén

Oraciones para convocar un amor perdido:

1.   "Vine a preguntarte por Santa Niña Blanca, fuerte y erguida, con los ojos desbordados. Acudo a ti hoy con un nudo en la garganta cada vez que pienso en él/ella, su nombre (mencionarlo), a quien ya no tengo a mi lado. El milagro que te pido es que lo/la animes a buscarme, porque no hay otras/otros en sus pensamientos. Oh, santa y virtuosa muerte blanca tú que puedes, qué sabes cuánto lo/la amo y quiero ser su compañero/a, para la vida, en el amor y la pasión, llámame con urgencia".

2.   "Tú tienes esta fuerza que yo quiero para mí, por favor ilumina a mi esposo (su nombre) de deseo, y que él piense con la esencia de su amor inmaculado, que me siga mirando con locura y que se anime a llamarme, que su nombre se funda con el mío, hoy y aquí".

3.   "Santa Muerte merezco hablar contigo, mírame y explícate con tus palabras mágicas hasta que me estremezca. Oh, gloriosa Niña Blanca, no me dejes desolado en esta lucha interior de miedo y agotamiento. Podrás encontrarlo y obligarlo a buscarme, con palabras sólidas para decirme cuánto me ama. ¡Ten piedad de mí!".

4.   "Mi cariño es enorme y lo cubriré de dulzura, consuelo y ternura. Llévalo a mi vida, haz que piense en mí. ¡Santa Muerte, puedes iluminarme, ayúdame, Santa! ¡Te compensaré por tu voluntad! Este es mi juramento, santísimo y glorificado, cumple mi deseo (diga lo que dará a cambio) y seré un servidor resplandeciente para ti. ¡Oh, eres santa! Que así sea".

Oración a los Santos Muertos Rojos para que me llamen y piensen en mí

¿Quién es la Santa Muerte Roja? Te estarás preguntando, simplemente es la típica representación del santo, pero con ropaje de ese color. Es decir, tiene los mismos atributos y poderes. Sin embargo, muchas personas se sienten atraídas por su color rojo, que siempre está relacionado con el amor, y es por eso que muchos le dedican una oración a la Santa Muerte para llamarme a esta representación.

1. "Con tus poderes puedes, oh Santa, Justa y Misericordiosa Muerte. Tu misericordia hará realidad mi gran deseo. Que me llama (menciona el nombre del amado/a), que me pide, que me ama, que me tiene en la cabeza día y noche, que le tiemblan las manos al recordar que las mías lo abrazan. Oigo su voz en mis sueños. Me torturó con su imagen que no puedo alcanzar".

2. "Señora de la Muerte intercede para que mi hombre me llame, me encuentre y me lleve al altar. Recuérdale mis sueños (nómbralo de nuevo) convéncelo de que solo me tenga a mí en mente. Que nada ni nadie puede detener este amor. Tus virtudes poderosas y sacrificadas ponle el teléfono en sus manos y llámame porque quiero escuchar su voz ahora".

3. "Santa Muerte de bendiciones, por favor en mi ferviente oración extraño a este hombre, lo amo hasta el cielo, donde estás, eres desinteresada, dile que lo siento en mi vida y que extraño su risa, que extraño su hermosa dulzura, háblale de mí. Suplico tu misericordia, hermosa y virtuosa Niña de la Muerte, nada será igual si no vuelves a mí, llámame, te lo suplico Santa con santos poderes y humilde moderación, busca a mi hombre, pídele que vuelva a esta mujer que lo ama tanto".

4. "Oh, santos milagrosos, no me dejéis llorar por él. Que vuelva a tener mi nombre en la cabeza, todo lo puedes, madre de la muerte que revierte el alma de

quien se olvida de dar un mensaje claro y necesario como es dar amor".

5.   "Ayúdame, Santa, cuando venga tu gracia, te daré (haz tu promesa) y seré tu esclava y rezaré por siempre por tu regalo misterioso, único y posible. Santa Muerte, ten piedad de mí. Quítame el gran dolor de no saber nada de él. Oh Santos Justos, ejemplo de justicia, dadme vuestro milagro. Cuento con usted. Que así sea".

Oración para recuperar un amor

Hay oraciones para que la Santa Muerte me llame, las cuales ayudaran a que su pareja, en al menos tres días, regrese con el solicitante. Es una oración muy poderosa que puede cumplir con los siguientes materiales: en una vela roja escribe con el Aguja el nombre y apellido de la persona a la que quiere que regrese con usted. Entonces tiene que decir la oración a las 8 de la noche. Lo primero que debe hacer es encender la vela y decir con mucha fe la siguiente oración:

"Oh, muerte inmaculada, puedes ayudarme mientras te ofrezco esta oración en voz alta. Tengo un amor lejano, que tarda mucho en volver, y mis sentimientos duelen, abruman y siguen creciendo. Oh Santísima, Poderosa y Piadosa Niña, busca el cielo y la tierra y dámelos. Dile que lo extraño tanto que lo amaré cuando regrese. El martirio en la memoria inerte es la muerte tan pesada, divina y santa, que sólo tú me puedes comprender.

Dame tu consuelo, si encuentras a mi esposo (nombre), dile que estoy desesperada por verlo y abrazarlo. Me dejó espontáneamente y (di tu propio nombre) tengo que perdonarlo cuando se vuelva a poner de pie llorando. Dile que lo amo hasta el agotamiento. El tiempo apremia, por el gran amor que creo que es. Eres genial y tienes todo para convencerlo de que se vuelva a enamorar como antes. La mujer misericordiosa de la Santa Muerte.

Mi pedido lo dice todo, es indispensable convencerlo e inculcarle la pasión que sentía antes, decirle que lo siento en mis sueños misteriosos y en mis días de dolor, para levantarlo a tu poder, y despertarle el deseo de tenerme entre sus brazos. Puede volver suplicando, con lágrimas desgarradas por mi ausencia, tráeme su presencia. Lo esperaré como nunca antes, como nadie más.

Su pedido de perdón será una compensación a mi dolor y tristeza. Una niña bendecida que todo lo puede y más que nada. Te prometo querida muerte (expresa tu oferta) si regresa conmigo. Un amor tan grande no puede terminar así, espero tu misericordia, bendíceme. Que así sea".

La oración para que él regrese suplicando

También puede hacer las siguientes oraciones para atraer a su amado, que no es más que otra oración a la Santa Muerte para que me llame y así dará un paso más para acercarse nuevamente a su amado.

"Venerable y virtuosa Muerte. Me arrodillo ante tu imagen para decir esta oración llena de esperanza y pasión. Mi esposo me dejó llorando y destrozada, sin siquiera darme una conversación. Me pregunto si merezco esta humillación. Eres fuerte, santa y justa, y sé que mi oración llegará a tu alma. Comprenderás cada palabra triste y dolorosa del triste día que me dejó. Oh, Loada Santa Venerada, si puedes volver (di el nombre de tu amor) a mis brazos, cubierto con amor.

Estoy perdido, incapaz de nada, he perdido la fe, la esperanza en todo. Tú eres el sostén de mi angustia, oh santísima Loada. Entra en el alma del que me engañó con sus sentimientos, es un hombre vil. Quiero renacer a las metas que teníamos antes con fe y optimismo, juntos soñamos con una historia de nosotros juntos, de abrazos y besos de pasión cautiva. Tráelo a mis brazos, somete su alma perdida y paz.

Que vuelva a ser mía, tranquila, con el mismo poder. Te lo prometo Santa, rezaré todos los días (hazle una promesa). Mi agradecimiento será para siempre. Mi voz está quebrada y no sé qué hacer con este martirio y este dolor. Agáchate, hombre, Santa generosa, no dejes que se aleje de mí. Que así sea".

Una oración fuerte a la Santa Muerte para que me llame en 5 días

Lo que hace interesante la oración de la Santa Muerte llámame en 5 días es la posibilidad de hacer una pequeña petición en el mismo número de días para que esa persona regrese. Es una oración con la que se ve un resultado positivo. Antes de comenzar la breve oración diaria, es fundamental erigir un pequeño altar en honor a la persona a la que se pretende volver durante este período con total dolor por haberse marchado de casa. Con responsabilidad y conciencia de lo que está orando, puede tomar incluso menos tiempo para ver grandes resultados.

Primer día

"Bajo tu santo manto, oh buena niña blanca, dejo en tus manos todas mis intenciones. Estoy seguro de que cualquier favor que pidas se te aplicará hasta que regreses (di el nombre en voz alta) con una mirada arrepentida, esperando que perdones su ofensa por dejarme en una de las peores situaciones de mi vida

Pongo en tus manos esta gran devoción para que ningún ser maligno rompa este hechizo dedicado a él (repite el nombre) hasta que me alcance con el mejor acto de obediencia, sin voluntad y con muchas razones para perdonarlo. Quien se oponga a esta valiosa e importante ceremonia, que Santa Muerte se haga presente para imponer su majestuosa sombra. Acepte esta solicitud el primer día de su llamada".

El día siguiente

"En nombre del búho, este majestuoso animal que representa las luces, sombras y enigmas del reino animal. Que tal ave sea mi mensajera en estos 5 días de esta ceremonia. Que su vuelo siempre sea certero hasta que él (repite el nombre) regrese a mí y encuentre su paz y consuelo. Misericordiosa Santa, vendré a llamarte al día siguiente. Lo espero aquí, con la mejor disposición para recuperar el tiempo perdido y reconocer los errores cometidos".

El tercer día

"Poderosa Santa Muerte, tienes en tu diestra el reloj que marca la pauta en mi destino. Eres la dueña de mi tiempo, de mi angustia, de mi pesar, de mi dolor y de mi sufrimiento. Durante esta ceremonia, no olvidé poner mi corazón (repita el nombre). Cuando piense en otra persona, borra sus pensamientos de todos los recuerdos pasados para llamarme por teléfono. Con esta oración os llamo desde hace tres días y tres noches, para que no dudéis de que os estoy mirando".

El cuarto día

"Incluso antes de terminar la oración de la Santa Muerte para que regrese en 5 días, espero que (repito el nombre) conmigo sea feliz y no quiera dejar de llamarme. Si siente mi ausencia, espero que esta sea una razón real para su supervisión. Si sientes perderme, que la Santa Muerte te atraiga hacia mí para llenarte de ese inmenso amor que tengo para dar".

Quinto día

"Dame la fuerza para cambiar mi suerte, santa niña blanca. Cambiar mi paradigma de dolor con la presencia de un ser querido (repite el nombre). Otra noche estoy con el corazón en suspenso, pero a la vez feliz, porque sé que volverá a levantarse, con la mirada perdida y sin poder razonar su regreso, solo preparándose para renunciar a su amor eterno. Que así sea".

¿Cómo pedirle a la Santa Muerte que le llame?

Para finalizar con este capítulo sobre orar a la Santa Muerte para que me llame, vamos a ofrecer ahora una serie de consejos o recomendaciones para realizar todas estas peticiones:

Para rezar a la santa muerte y cumplir con el pedido, debe preparar un altar antes de decir una oración. Enciende una vela blanca y roja (o la vela según el pedido que vimos en el capítulo anterior), así como una vara de incienso de alcanfor para equilibrar las energías del ambiente. Coloque una estatuilla o un libro sagrado del santo en medio de las velas y sostenga una foto de su ser querido en su mano izquierda. Diga las oraciones en voz alta y con gran emoción y deje que las velas se consuman por completo. Repita el ritual durante tres días consecutivos.

Oración a la Santa Muerte para el trabajo

"Mi querida y amada Santísima Muerte, te ruego con estas palabras porque necesito tu ayuda.

En el trabajo me encuentro pasando problemas que me hacen de mi permanencia.

He sido presa de las águilas devoradoras y envidiosas que quieren verme abatido.

Me encuentro pasando por un mal momento que quiero cambiar, necesito un empleo donde no existe envidia, donde mis aptitudes sean reconocidas y pueda destacar para ser mejor. Para brindarle a mi familia la comodidad que requiere.

Te pido para que conserve mi empleo, y si no puede ser, ayúdame a conseguir uno mejor. Te pido por el día que tenga que acudir a una entrevista.

Quiero conseguir mis objetivos profesionales para sentirme pleno.

Quiero un mejor trabajo, un mejor sueldo, que mi meta profesional no tenga un límite.

Busco destacar para tener mejores oportunidades. Por eso acudo a ti, tu bondad y poder es infinito que dejo mis problemas en tus manos. Gracias, te agradezco infinitamente, soy tu fiel creyente".

Esta oración se aplica en esos momentos cuando nos dirigimos a una entrevista de trabajo, cuando estamos a punto de postularnos para el puesto laboral que siempre hemos deseado, para pedir que nos ayude conseguir un ascenso o aumento de nuestro sueldo, si se está atravesando un momento difícil en el lugar de trabajo con algún compañero, jefe, cliente o empleado.

En fin, que esta oración te servirá para todo lo que tiene que ver con el ámbito laboral en su totalidad.

¿Es peligroso rezar esta oración?

Las oraciones en si no son nada peligrosas.

Sin embargo, es bueno hacerlas con total responsabilidad, pues muchas veces pedimos aquello que no nos conviene ya sea para nosotros, algún amigo o familiar.

Las oraciones son un tema delicado pues estamos entrando en un terreno cien por ciento espiritual en el que debemos saber movernos pues lo negativo anda al acecho en busca de los débiles en la fe.

¿Cuándo puedo rezar la oración a la santa muerte para el trabajo?

En cualquier momento, esta oración se convierte en nuestra arma secreta sin importar dónde estemos.

Muchos aconsejan hacer un altar o preparar el ambiente previo a la oración y esto puede ayudarnos a concentrarnos en lo que estamos haciendo.

Sin embargo, es importante que sepamos que si no lo tenemos igual la oración es eficaz y poderosa porque se hace con fe que es el único requisito que tenemos que cumplir de forma obligatoria.

Oración a la Santa Muerte por dinero

La oración a la Santa Muerte por dinero es realmente poderosa y es por eso que muchas personas aún se unen a la línea de creyentes y que son muchos los milagros que este santo ha realizado.

Pedir dinero es común, lo que puede no ser muy conocido, es rezar por esa petición concreta, aunque se pueda hacer.

Esta Santa puede ayudar a todo aquel que se acerque a ella, creyendo que lo que pide es posible.

Por más imposible que sea ver lo que se pide, es importante darse cuenta de que lo que está sucediendo es un acto fiel y puramente espiritual, porque la oración es un arma poderosa y debe usarse como tal con mucho respeto e inteligencia.

Oración a la Santa Muerte por dinero

"Gloriosa Santísima Muerte, mi poderosa niña blanca, fiel amiga y compañera de camino, en quien confiamos en todos los momentos de nuestra difícil y penosa existencia, y en quien todos gozaremos contigo en el último día de nuestra vida.

Tú que conoces los secretos de la fortuna, deja que la rueda gire naturalmente en la dirección que señala la punta.

Permíteme participar de tu poder y llámame por lo que te estoy pidiendo, felicidad, abundancia y prosperidad.

Tu altar será testigo de la correspondencia que tendré para ti, el poseedor de los grandes secretos de la felicidad y la fortuna.

Dame la felicidad, en la fortuna y en los negocios, la fortuna llega a mi puerta, y la abundancia y la prosperidad reinan en mi casa.

Te estaré agradecido por tus sacrificios y tendrás mi fidelidad para siempre. Agradezco a mi fiel amiga y compañera de mi Blanca Niña, glorificada Mi santa muerte.

(Aplica aquí con mucha fe).

Que sea así".

Es una oración en la que podemos confiar y que nos permite alcanzar las metas financieras que nos hemos propuesto.

No importa cuán seria o grande sea la dificultad.

Esta oración es poderosa y puede ayudar con todas las situaciones económicas que se presenten en la vida.

¿Para qué es esta oración?

El dinero es preocupante porque sin él no tenemos el poder adquisitivo que es importante.

Esta es una oración, nos puede ayudar mucho, si ya hemos hecho algún mal negocio, como si estuviéramos en una etapa en la que no sabemos exactamente qué inversión debemos hacer.

El dinero volverá a nosotros rápidamente y por milagro, por lo tanto, esta oración debe realizarse con responsabilidad.

¿Cuándo puedo orar a la Santa Muerte para atraer dinero?

Cada momento es perfecto para esta y todas las demás oraciones, es importante saber lo que estamos haciendo.

Sabiendo que esto es un acto de fe y que podemos lograr el milagro que estamos pidiendo, porque sin fe es casi imposible que nuestras peticiones sean atendidas, la fe es la clave de toda oración.

Palabras finales:

¿Pequeña secta o gran culto?

Originalmente, la Santa Muerte era vista como la Santa de los narcotraficantes, prostitutas y bandoleros. Pero Andrew Chestnut, profesor de estudios religiosos en la Virginia Commonwealth University de Estados Unidos, dijo en una entrevista que la secta tenía entre 10 y 12 millones de seguidores en el continente americano.

¿Santa católica o diabólica?

La veneración a la Santa Muerte está terminantemente prohibida por la Iglesia que la considera como "un culto al diablo". En 2009, incluso decretó que todas las oraciones dirigidas a ella serían consideradas pecado. Sin embargo, muchos seguidores del Santo afirman ser creyentes y practicantes de la religión cristiana.

¿Para qué sirve?

Esta creencia es definida como "religión de crisis" por los antropólogos. De hecho, a menudo se recurre a la Santa Muerte en tiempos difíciles para las familias mexicanas. Es conocida por resolver problemas de dinero, dificultades para encontrar trabajo, angustias y protección.

¿Peligroso o no?

Para que la Santa Muerte cumpla sus deseos, necesitará especial devoción y rituales. Maëlys, una chica mexicana de 18 años, nos contó que para pedirle algo hay que poner sangre en una olla cerca de una escultura que la representa con 12 velas para simbolizar cada mes del año. Según la creencia, si después de que ella le ha ayudado le da la espalda y no le agradeces, es posible que ella se vuelva contra ti. Maëlys agrega "después de haber hecho un pedido, la persona está cansada y adelgaza mucho porque Santa absorbe su energía para hacer realidad su deseo".

¿Sacrificios humanos?

Si bien este culto no incluye ningún sacrificio, la adoración se ha subido a la cabeza de algunos mexicanos que han cometido lo irreparable. Por ejemplo, el Cártel Independiente de Acapulco asesinó a 28 personas como ofrenda al Santo en un penal de la ciudad. Una familia sonorense también asesinó a dos niños y una mujer como sacrificio a la Santa Muerte.

En los últimos años, San la Muerte ha ingresado en el mundo de la cultura pop con bravuconería. Aparece a gran escala en tatuajes, y los cuerpos son decorados con su imagen, no solo por sus seguidores. ¿La Santa Muerte como artilugio? Quizás su actuación más famosa en la cultura pop fue la famosa serie estadounidense "Breaking Bad", donde en una de las escenas dos asesinos mexicanos, los hermanos Salamanca, le preguntaron y le ofrecieron regalos para ganarse su favor en la tarea de dispararle al rey de las metanfetaminas de Albuquerque. Sin embargo, la Santísima Virgen no los escuchó, y ambos terminaron miserablemente.

Sin embargo, el mayor desafío para los investigadores de nuevas religiones es averiguar de dónde proviene la popularidad de la Santa Muerte fuera de México. No se trata solo de violencia desenfrenada y matanzas, ya que el culto también se está extendiendo en Canadá y Argentina (en menor escala, por supuesto). Y como el número estimado de seguidores ha llegado a varios millones en los últimos años -también en Centroamérica y Estados Unidos-, incluso hay un festival en su honor en Nueva York.

La respuesta más contundente es el mensaje de igualdad que trae la Santa Muerte en un mundo de profundas desigualdades sociales. Personas de todas las razas y clases, todas las profesiones, creencias y estilos de vida son iguales a ella. Enfermos y sanos, hermosos y aquellos a quienes el destino no ha dotado de atractivo externo, ingeniosos y perdedores. Esta es probablemente la razón por la cual las personas que son expulsadas por una variedad de razones recurren a ella.

Los investigadores han observado que el culto a la Santa Muerte atrae a los más pobres, gente del mundo del vicio, así como, por ejemplo, a personas LGBT, repelidas por la Iglesia oficial y discriminadas por una sociedad saturada del espíritu de dominación masculina. (machismo). Un día Ella vendrá por todos sin excepción. "Es un ángel enviado por Dios", dice un creyente. - Todos estamos a un paso de ella. Nadie se salvará.

¿Esperanza para saldar las cuentas por el destino injusto? ¿Quizás más de una vez una expresión de noble envidia? "Especialmente en países como el nuestro [EE. UU.], donde las desigualdades entre ricos y pobres son tan grandes, su culto parece atractivo", cree el prof. Castaño. - Al final, su guadaña nivelará a todos. Tal vez haya alguna satisfacción o consuelo en eso".

A pesar de todas las hipótesis citadas, incluso las que suenan conscientes y fácticas, los fervientes sentimientos hacia la Santa Muerte de sus seguidores, rozando a veces la exaltación religiosa, así como la confianza que depositan en ella, no son fáciles de aceptar y comprender. Por un lado, armonizan con la era del asesinato en masa (en México) y la desigualdad social (en casi todo el hemisferio occidental), por el otro, sin embargo, van a contracorriente del deseo humano más básico: vivir.

#######